Mamífero manía

TIME
FOR KIDS

T0136648

Debra J. Housel

Asesor

Timothy Rasinski, Ph.D.
Kent State University
Bill Houska, D.V.M.
James K. Morrisey, D.V.M.

Créditos

Dona Herweck Rice, *Gerente de redacción*

Lee Aucoin, *Directora creativa*

Robin Erickson, *Diseñadora*

Conni Medina, M.A.Ed., *Directora editorial*

Stephanie Reid, *Editora de fotos*

Rachelle Cracchiolo, M.S.Ed., *Editora comercial*

Basado en los escritos de *TIME For Kids*.

TIME For Kids y el logotipo de *TIME For Kids* son marcas registradas de TIME Inc. Usado bajo licencia.

Teacher Created Materials

5301 Oceanus Drive
Huntington Beach, CA 92649-1030
http://www.tcmpub.com

ISBN 978-1-4333-4473-2

© 2012 Teacher Created Materials, Inc.

Tabla de contenido

¿Qué es un mamífero?

Los hay de distintos tamaños y formas. Pueden nadar en los océanos o correr por los desiertos. Algunos trepan árboles o peñascos. Viven en selvas tropicales, en lugares congelados o incluso en tu hogar. ¿Qué son? ¡Mamíferos!

jaguar

orca (ballena asesina)

En tu casa hay al menos un mamífero.
¡Tú! Los seres humanos son mamíferos.

El cuerpo de un conejo ➤ siempre se mantiene a 102°F.

Los mamíferos son animales de sangre caliente. Se dice que son **vertebrados** porque tienen columna vertebral.

conejo

Los animales que tienen sangre caliente pueden mantener su cuerpo a la misma temperatura todo el tiempo. Para hacerlo, es necesario que el mamífero se alimente mucho. Necesita pelaje, pelos o una capa de grasa bajo la piel para mantenerse caliente. A veces tiene más de una de estas formas de protección.

¿Sabías que tu cuerpo se enfría si estás en el agua? Los mamíferos acuáticos viven en el agua, por lo que tienen una capa de grasa para **aislar** su cuerpo.

foca

Alimento = energía

Los animales ingieren mucho alimento para producir energía. La energía los mantiene calientes.

▲ La grasa y el pelaje mantienen calientes a las focas protegiéndolas del frío, tal como un abrigo te mantiene abrigado.

ballena jorobada

Algunos mamíferos, como las ballenas, viven
en el mar. Otros viven sobre tierra. Los mamíferos
terrestres tienen cuatro **extremidades**. Todos los
mamíferos respiran con los pulmones.

Extremidades

Las extremidades de un mamífero terrestre son sus patas y brazos.

nutria marina

delfines

Todos los mamíferos acuáticos deben salir a la superficie para respirar.

Descendencia

La descendencia de un animal consiste en sus crías. Las crías nacen de sus padres.

cerditos

Los mamíferos machos y hembras deben aparearse para tener **descendencia**. La mayoría de las **crías** de los mamíferos crecen dentro de la madre. Las madres dan a luz crías vivas. Las crías nacen indefensas y necesitan la ayuda de sus padres. Deben beber la leche de la madre. Pueden pasar semanas o años antes de que puedan valerse por sí mismas. Sólo piensa en cuánto tardarás tú en crecer.

La **gestación** es el tiempo que un mamífero hembra tiene a sus crías en el cuerpo antes de que nazcan. El número de días de gestación es distinto para cada **especie**.

Gestación mamífera

ANIMAL

- jerbo—26 días
- conejo—30 días
- lobo—63 días
- castor—90 días
- león—100 días
- chinchilla—111 días
- cerdo—114 días
- murciélago—180 días
- ser humano—280 días
- camello—390 días
- elefante africano— 660 días

DÍAS

0   100   200   300   400   500   600   700

▼ Las madres guepardos mueven sus cachorros a un escondite nuevo cada par de días.

¿Lo sabías?

Una especie es un grupo de animales, como gatos, perros, conejos u osos. Una especie también puede ser un grupo de plantas, como rosas, margaritas o pinos.

guepardos

Clases de mamíferos

Los científicos agrupan a los mamíferos por sus características en común. Uno de los grupos, el de los **primates**, es la especie a la que pertenecen los seres humanos, simios y monos.

La mayoría de los primates tienen pulgares. Los pulgares permiten a los primates agarrar y levantar objetos. Los primates son **omnívoros**, ya que pueden comer plantas y animales.

madre orangután y su cría

macaco

Una leona caza una cebra.

Los lobos, leones y nutrias son **carnívoros**.
Se alimentan de carne. Los carnívoros son
depredadores. Cazan y atrapan a sus **presas**.

¿En qué se parecen los venados, las jirafas y las vacas? Tienen pezuñas. Los mamíferos con pezuñas son **herbívoros**, lo que significa que se alimentan sólo de plantas. Cuanto más grande es el animal, más plantas debe comer.

pezuña de burro

▲ El cuello largo de una jirafa tiene siete vértebras. ¡Es el mismo número que los seres humanos!

castor

Roedores

Algunos roedores, como las ardillas listadas, sólo comen plantas. Son herbívoros. Otros, como las ratas, comen carne y plantas. Son omnívoros.

▲ Masticar la madera hace que los dientes no crezcan demasiado.

La mayoría de los mamíferos tienen mandíbulas y dientes. Los **roedores** y conejos tienen dientes delanteros que nunca dejan de crecer. Deben roer cosas duras para evitar que los dientes crezcan demasiado.

¿Tienes un roedor como mascota? Si tienes un ratón, un jerbo o un hámster, entonces tienes uno.

Mamíferos extraños

Los mamíferos **extraños** son distintos a los demás. Por ejemplo, los osos hormigueros no tienen dientes. En cambio, tienen un largo **hocico** y atrapan insectos con su lengua pegajosa. No mastican su comida, sino que la tragan entera.

Todos los mamíferos pueden moverse. Las personas caminan, los canguros saltan y las ballenas nadan. Pero sólo un mamífero vuela. ¡Es el murciélago!

▼ Hay aproximadamente 1,000 clases de murciélagos.

Realmente no vuelan

Aunque puede parecer que las ardillas voladoras vuelan, en realidad no lo hacen. Simplemente planean para controlar su caída. Se deslizan de árbol a árbol para encontrar comida. Algunas veces se deslizan tan lejos como 295 pies para llegar a un árbol.

ardilla voladora

La lengua ➤ de un oso hormiguero puede medir hasta dos pies de largo.

Los **marsupiales** son otro grupo de mamíferos fuera de lo común. Dan a luz crías que están vivas pero son incapaces de sobrevivir separadas de la madre.

Las crías deben vivir semanas o meses en una bolsa especial que tiene la madre, llamada marsupio. Muchos marsupiales, como el canguro, viven en Australia.

canguro arborícola

▲ Las crías de los marsupiales permanecen en la bolsa marsupial de la madre.

canguro gris
gigante

Australia y algunas islas cercanas son el hogar de los **monotremas**, los mamíferos más extraños del mundo. ¿Por qué son tan extraños? ¡Ponen huevos!

¿Por qué son mamíferos?

Los monotremas se consideran mamíferos porque los mamíferos son los únicos animales que proveen leche a sus crías.

equidna

ornitorrinco

El ornitorrinco pone sus huevos en un nido. Las crías salen del huevo después de diez días. La madre se acuesta sobre el lomo y las crías lamen la leche que escurre de una glándula en la superficie del vientre de la madre. La leche fluye durante unos dos meses.

El otro mamífero que pone huevos es el equidna.

Tiempo de vida y hábitats

Cada mamífero tiene cierto tiempo de vida. En la gráfica se muestra el número de años de vida de varios mamíferos. Muchos de los miembros de la especie mueren antes de la edad indicada. Unos pocos viven más tiempo.

Tiempo de vida de varios animales

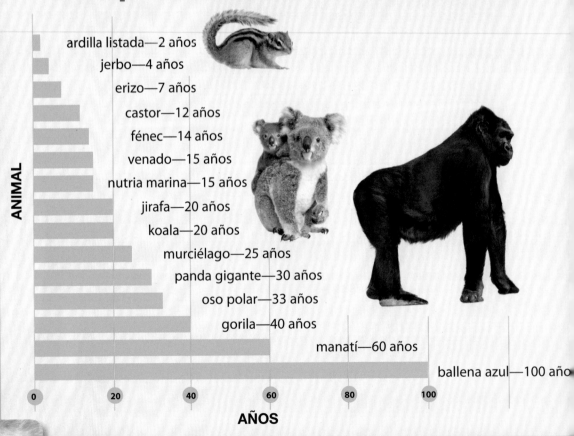

ardilla listada—2 años
jerbo—4 años
erizo—7 años
castor—12 años
fénec—14 años
venado—15 años
nutria marina—15 años
jirafa—20 años
koala—20 años
murciélago—25 años
panda gigante—30 años
oso polar—33 años
gorila—40 años
manatí—60 años
ballena azul—100 año

ANIMAL

0   20   40   60   80   100

AÑOS

Los mamíferos viven en **hábitats** por todo el mundo. Como son animales de sangre caliente, sus cuerpos mantienen la **temperatura** apropiada. Algunos viven en los desiertos. Otros habitan en heladas tierras vírgenes. ¿Cómo es posible? Cada mamífero tiene características corporales **adaptadas** al lugar.

¿Sin agua?

¿Cómo es posible que algunos animales vivan durante días sin agua? Los fenecos pueden obtener agua de los alimentos que comen. Los camellos pueden almacenar grandes cantidades de agua en su cuerpo, pero no en las jorobas, como piensan muchas personas.

El fénec y el camello viven en el desierto. Ambos pueden vivir varios días sin beber agua. Las grandes orejas del fénec permiten que el calor excesivo escape del cuerpo.

El toro almizclero y la liebre ártica viven en lugares donde hace mucho frío. Tienen grueso pelaje que los protege del frío.

fénec

toro almizclero

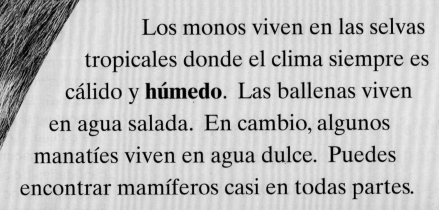

Los monos viven en las selvas tropicales donde el clima siempre es cálido y **húmedo**. Las ballenas viven en agua salada. En cambio, algunos manatíes viven en agua dulce. Puedes encontrar mamíferos casi en todas partes.

manatí

◄ El grueso pelaje de la chinchilla le permite habitar en las frías alturas de las montañas.

24

Algunos mamíferos hibernan durante el invierno.

ardilla

Algunos mamíferos viven en lugares donde las estaciones del año traen grandes cambios climáticos. Estos animales deben sobrevivir en el calor del verano. También deben sobrevivir en el crudo frío invernal. Además, muchos animales **hibernan** durante el invierno.

Durante los meses cálidos, estos animales ingieren todo el alimento que encuentran. De esta manera se forma una capa de grasa en el cuerpo. Cuando comienza el frío, se meten en una cueva bajo tierra. Se duermen y el ritmo cardíaco y respiratorio disminuye. Parecen muertos, pero están vivos. Viven de la grasa almacenada y despiertan cuando llega la primavera.

Las ratas del desierto hacen algo similar, con la diferencia de que duermen durante la temporada más cálida y seca del año. Cuando los animales duermen durante el verano, se le llama **estivación**.

Como puedes ver, los mamíferos son criaturas muy interesantes. ¿No estás feliz de ser un mamífero?

panda rojo

tarsero

Glosario

adaptado—hecho para algo que se adjusta a cambios

aislar—evitar que escape el calor

carnívoros—animales que sólo comen carne

crías—bebés animales antes de llegar a la edad adulta

depredadores—animales que cazan, matan y comen otros animales

descendencia—crías de un animal o planta

especie—grupo de animales (o plantas) similares, como los seres humanos

estivación—pasar el verano en estado de reposo

extraño—inusual o raro

extremidades—partes corporales que se extienden del cuerpo principal de un animal y que se utilizan para moverse o para sujetar cosas; en los seres humanos, son los brazos y las piernas

gestación—tiempo que un mamífero se desarrolla dentro de la madre

hábitats—lugares donde los animales viven en la naturaleza

herbívoros—animales que sólo comen plantas

hibernar—pasar el invierno en estado de reposo

hocico—boca y nariz alargadas de los animales

húmedo—mojado

marsupiales—mamíferos que tienen una bolsa especial en la que transportan a sus crías

monotremas—mamíferos que ponen huevos

omnívoros—animales que comen tanto plantas como carne

presa—cualquier animal que es cazado y comido por otro animal

primates—el grupo de mamíferos que tiene manos (usualmente con pulgares) en lugar de patas

roedores—grupo de mamíferos con cuatro extremidades y filosos dientes frontales que crecen constantemente

temperatura—cantidad de calor medida por un termómetro

vertebrados—animales que tienen columna vertebral (espina dorsal)

Índice